AF585784

TARIF
POUR FACILITER LE CHANGE
DES PIÈCES ÉTRANGÈRES
EN MONNAIES FRANÇAISES,

A L'USAGE DES MILITAIRES,

DES VOYAGEURS, DES NÉGOCIANTS ET DES MARCHANDS.

A PARIS,

CHEZ TIGER, IMPRIMEUR-LIBRAIRE,

RUE DU PETIT-PONT, N° 10.

TARIF de la valeur des Pièces d'or, d'argent et billon, des Empires de Russie et d'Autriche, des Royaumes d'Angleterre et de Prusse, des Cercles d'Allemagne et du pays de Hollande, d'après la vérification constatée par MM. les Administrateurs généraux des Monnaies, pour faciliter leur change en monnaies françaises.

Depuis long-tems nous voyons en circulation, dans le commerce, un grand nombre de différentes monnaies dont la valeur et le tarif du change étant ignorés, le Négociant se trouve souvent embarrassé et exposé soit à perdre, soit à faire perdre l'acheteur. Nous avons cru que, pour lever toutes difficultés, il seroit utile de présenter au Public un Tarif juste, clair et précis, qui pût lui servir de guide. Celui que nous offrons a été fait d'après l'estimation de MM. les Administrateurs de l'Hôtel des Monnaies de Paris, dont le Tarif laissoit à désirer la représentation de la pièce.

Nous n'avons donc rien négligé pour que le signe représentatif des pièces d'or, d'argent et de billon fût exactement conforme aux pièces matérielles, en veillant à ce que la gravure fût exécutée avec soin, et facile à saisir au premier coup-d'œil. En conséquence nous avons eu soin de placer l'écusson à côté de l'effigie; ainsi chaque pièce gravée est donc composée de deux médaillons, savoir : le portrait et son revers.

Nous avons mis en tête les noms des pays d'où sortent les différentes pièces, ensuite nous avons placé la dénomination de chacune d'elles, et au-dessous sa valeur.

Il est indispensable d'observer que quelques-unes de ces pièces ont à peu près la même circonférence, quoique parfaitement conformes à la grandeur matérielle; mais qu'elles ont cependant une différence de valeur, soit par l'épaisseur, soit par la finesse du métail, soit par la date de leur fabrication; ce qu'il sera facile de comprendre en faisant une attention particulière à l'impériale de dix Roubles, avant 1763(*), et à l'impériale de dix Roubles depuis 1763, dont la différence en valeur est de onze francs. On peut également remarquer qu'il y a quelques différences dans les effigies; celle de l'impériale, avant 1763, est plus petite que celle de l'impériale depuis 1763 : la tête de la première ne touche point à l'exergue, et celle de la seconde atteint l'exergue. D'après ces observations et celles que l'on pourra faire par rapport aux autres pièces, il sera facile de juger combien il étoit indispensable de présenter un Tarif où la pièce de monnaie étant représentée ne laisse aucun doute sur sa valeur: si nous sommes entrés dans ces détails, c'est pour prouver au Public que nos efforts, dans ce travail, n'ont pour but que de l'éclairer sur ses propres intérêts.

M. C. T.

(*) Planche première, monnaie de Russie.

PIÈCES D'OR DE RUSSIE.

Impériale de 10 roubles avant 1763. 51.F 85.c

Impériale de 10 roubles depuis 1763. 40.F 85.c

Double Ducat, croix de S.t André. 23.F 4.c

Demi-Impériale de 5 roubles avant 1763. 25.F 90.c

Demi-Impériale de 5 roubles depuis 1763. 20.F 40.c

Ducat 10.F 90.c

Ducat 10.F 90.c

Pièce de 2 roubles. 8.F 20.c

Ducat de 1763. 10.F 90.c

PIÈCES D'ARGENT DE RUSSIE.

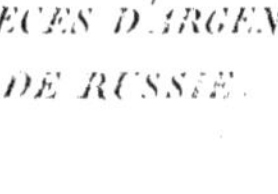

Demi-Rouble depuis 1763. 2.F 10.c

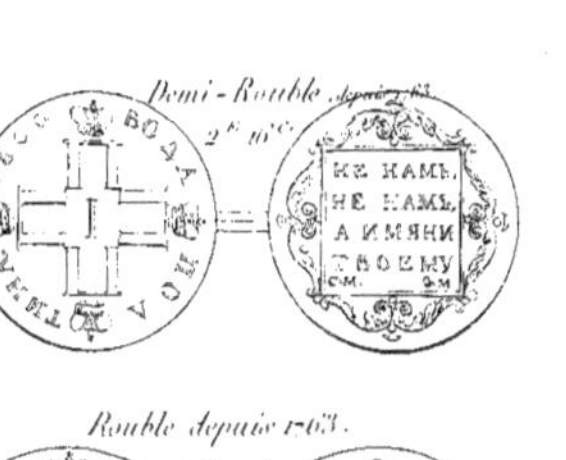

Pièce d'un rouble. 4.F 10.c

Pièce d'un demi rouble 2.F 5.c

Rouble avant 1763. 4.F 3.c

Rouble depuis 1763. 3.F 92.c

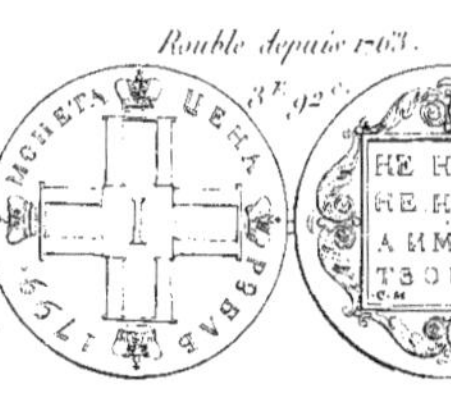

SUITE DES PIÈCES D'ARGENT DE RUSSIE.

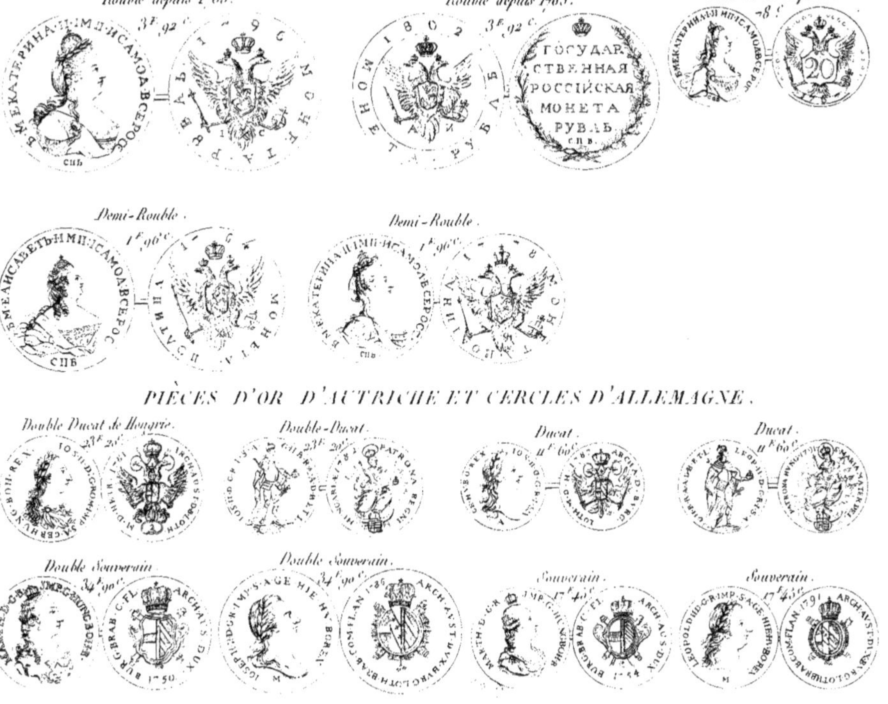

Déposé à la Direction de la Librairie

SUITE DES PIÈCES D'OR D'AUTRICHE ET CERCLES D'ALLEMAGNE.

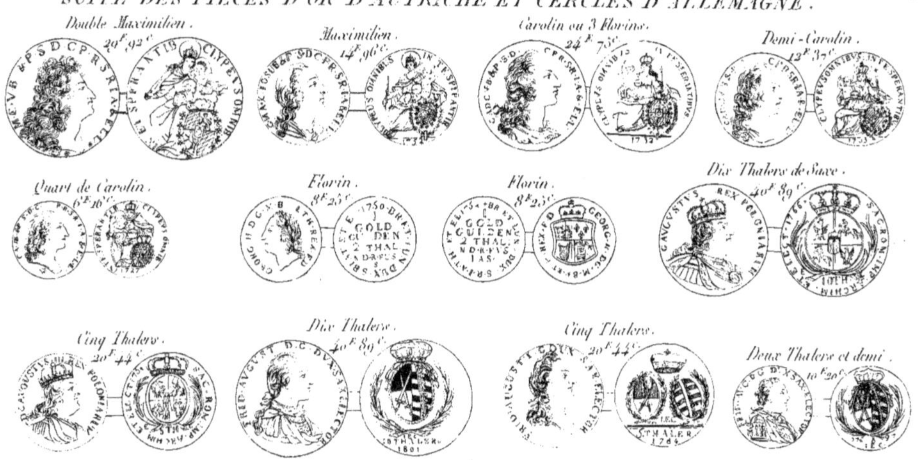

PIÈCES D'ARGENT D'AUTRICHE ET CERCLES D'ALLEMAGNE.

SUITE DES PIÈCES D'ARGENT D'AUTRICHE ET CERCLES D'ALLEMAGNE.

PIÈCES D'OR DE PRUSSE.

SUITE DES MONNOIES DE HOLLANDE, PIÈCES D'ARGENT.

Nota. Il y a beaucoup de ces Pièces elles ne diffèrent que par l'écusson.

Déposé à la Direction de la Librairie.

MONNOIES D'ANGLETERRE, PIÈCES D'OR.

SUITE DES MONNOIES D'ANGLETERRE, PIÈCES D'ARGENT.

www.ingramcontent.com/pod-product-compliance
Lightning Source LLC
LaVergne TN
LVHW012016170826
845678LV00004BA/1511
* 9 7 8 2 3 2 9 6 3 2 0 2 5 *